Établissements français de l'Océanie.

GOUVERNEMENT DU PROTECTORAT.

ARRÊTÉ

PORTANT QUELQUES MODIFICATIONS

DANS

l'administration de la Justice rendue par les Tribunaux des États du Protectorat
des Iles de la Société et dépendances.

30 Août 1860.

PAPEETE, IMPRIMERIE DU GOUVERNEMENT.

F

Etablissements français de l'Océanie.

GOUVERNEMENT DU PROTECTORAT.

ARRÊTÉ

PORTANT QUELQUES MODIFICATIONS

DANS

l'administration de la Justice rendue par les Tribunaux des États du Protectorat des Iles de la Société et dépendances.

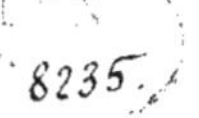

30 Août 1860.

PAPEETE, IMPRIMERIE DU GOUVERNEMENT.

GOUVERNEMENT DU PROTECTORAT.

ARRÊTÉ

PORTANT QUELQUES MODIFICATIONS

DANS

l'administration de la Justice rendue par les Tribunaux des États du Protectorat
des Iles de la Société et dépendances.

Nous, Commandant des Établissements français de l'Océanie, Commissaire Impérial aux Iles de la Société,

Vu l'arrêté de Monsieur Bonard, Commissaire de la République aux Iles de la Société, en date du 22 Avril 1850. Arrêté qui, sous le titre de *Code de procédure du Protectorat*, a institué, de concert avec la Reine Pomare, divers Tribunaux destinés à rendre la justice aux habitants des États du Protectorat, non sujets Taïtiens, et entre ceux-ci et les sujets Taïtiens,

Vu l'arrêté de Monsieur le Gouverneur, Commissaire Impérial Du Bouzet, du 31 Décembre 1856, qui nomme un Président du Tribunal de première instance, et un Président du Tribunal de Commerce,

Vu la Décision de la Reine et du Gouverneur, Commissaire Impérial Saisset, datée du 4 Mars 1859, au sujet des affaires mixtes, c'est-à-dire, affaires dans lesquelles entrent des sujets Taïtiens et tous autres habitants des Iles du Protectorat,

Considérant que l'expérience des dix dernières années et la Décision susvisée, du 4 Mars 1859, ont rendu nécessaires quelques modifications dans la composition du personnel de ces Tribunaux,

Considérant qu'il y a lieu d'appliquer au Tribunal Criminel (Cour d'assises aux Iles de la Société) la procédure du nouveau Code de justice militaire de l'armée de mer, en remplacement de celle du 13 Brumaire An V, qui est aujourd'hui en vigueur a Taïti.

HAU TAMARU.

FAAUE raa no te faahurue raa i te tahi mau vahi rii i roto i te mau ohipa no te haava raa e faataa hia e te mau Tiripuna no te mau fenua no te Hau Tamaru i te mau fenua Totaiete e te mau fenua e au mai.

O vau, te Tomana no te mau fenua farani i Oceanie, te Auvaha o te Emepera i te mau fenua Totaiete.

I te hio raa i te faaue raa a Miti Bonard, te Auvaha o te Repupirita i te mau fenua Totaiete i te mahana 22 no Eperera 1850. te faaue raa i parauhia, e pue raa Ture no te Hau Tamaru tei faatia mai te tia i te Arii ra la Pomare i te vetahi mau Tiripuna, haapao hia ei faataa i te parau tia i te mau taata e faaea haere i roto i te mau fenua no te Hau Tamaru, e ere te taata tahiti mau, e i rotopu i te reira e te mau taata tahiti mau.

I te hio raa i te faaue raa a te Tavana te Auvaha o te Emepera du Bouzet, no te 31 no Titema 1856, tei faatoroa i te hoe Peretiteni no te Tiripuna no te haava raa matamua, e te hoe Peretiteni no te Tiripuna no te hoo raa taoa.

I te hio raa i te parau i faataa hia e te Arii vahine raua o te Tavana te Auvaha o te Emepera Saisset i te 4 no Mati 1859, no te mau ohipa anoi, oia hoi te mau ohipa e o ai te mau taata tahiti mau, e te mau taata toa e parahi haere i roto i te mau fenua no te Hau Tamaru.

I te manao raa, i te maramarama i roaa mai i roto i na matahiti hoe ahuru i oti aenei, e te parau faataa i faaite hia i nia nei no te 4 no Mati 1859, i tia'i ia faahurue hia te vetahi vahi rii i roto i te faatia raa i te feia e au no teienei mau Tiripuna.

I te manao raa e e au ia haapao hia no te Tiripuna Criminel (Cour d'Assises no te mau fenua Totaiete) te haapao raa no te pue raa Ture api no te faaehau no te nuu moana, ei mono no te pue raa Ture no te 13 no brumaire matahiti V, tei haamana hia i Tahiti i teienei

En vertu de l'article 7 de l'ordonnance royale du 28 Avril 1843,

Le Conseil d'Administration entendu,

AVONS ARRÊTÉ ET ARRÊTONS:

Article I.

Les Officiers, Fonctionnaires et Employés des Établissements français de l'Océanie concourent à l'administration de la justice rendue par les Tribunaux du Protectorat.

Les Résidants notables, qui s'occupent soit de commerce, soit d'agriculture, figurant sur une liste dressée par le Directeur des Affaires Européennes et soumise à notre approbation, en Conseil, par l'Ordonnateur faisant fonctions de Directeur de l'intérieur, concourent également à la dite administration de la justice.

Dans les affaires mixtes, les Grands Juges et Juges indigènes sont appelés à siéger dans les Tribunaux du Protectorat.

Article II.

Les Résidants, figurant sur la liste ci-dessus indiquée, désignent par élection, au scrutin secret, douze d'entre-eux, pour faire partie du personnel des Tribunaux.

Parmi ces douze personnes, nous choisissons et nommons le Président et les Juges du Tribunal de commerce, ainsi qu'une partie des Juges ou Juges assesseurs des autres Tribunaux.

Article III.

L'élection est renouvelée tous les ans au mois de Septembre.

Article IV.

Au mois de Septembre, un Arrêté du Commandant Commissaire Impérial nomme les personnes qui doivent composer le personnel des divers Tribunaux, du 1er Octobre de l'année en cours, au 1er Octobre suivant.

Le même personnel peut être maintenu dans ces fonctions.

Les fonctions judiciaires confiées à des Officiers, Fonctionnaires et Employés des Etablissements n'empêchent aucune mutation nécessaire à la marche ordinaire du service administratif ou militaire.

Article V.

Tribunal de paix. — Ce Tribunal est occupé par le juge de paix titulaire nommé par l'Empereur.

E no te irava 7 no te faaue raa mana no te 28 no Eperera 1843.

Ia faaroo hia te parau no te Apoo raa a te Hau.

UA FAAUE E TE FAAUE NEI:

Irava I.

Te mau Raatira, feia toroa e te rave ohipa no te mau fenua farani i Oceania, te rave atoa i te mau ohipa no te parau tia e faataa hia e te mau Tiripuna no te Hau Tamaru.

Te mau taata maitatai e parahi haere i nia i te fenua nei, tei rave i te mau ohipa no te hoo raa taoa, e tei rave i te ohipa faaapu, tei papai hia to ratou mau ioa i nia i te hoe parau papai hia e te Auvaha no te pae papaa, tei tuu hia mai e te Ordonnateur tei rave i te toroa Auvaha no te pae i uta, ia faatia hia, tu e au i roto i te apoo raa, te rave atoa i te mau ohipa no te parau tia.

I te mau ohipa anoi ra, e parau atoa hia, tu te mau Toohitu e te mau haava tahiti e haere atoa mai ei haava i roto i te mau Tiripuna no te Hau Tamaru.

Irava II.

Te mau taata e parahi i nia i te fenua nei, tei papai hia to ratou mau ioa i nia i te parau i faaite hia i nia nei, e faataa ratou na roto i te maiti raa huna, i te tahi tau taata hoe ahuru mapiti i rotopu ia ratou, ei feia toroa toa no teienei mau Tiripuna;

I rotopu i teienei tau taata hoe ahuru ma piti, n'au ia e maiti e e faatoroa i te Pereliteni e te mau haava no te Tiripuna hoo raa taoa, e oia toa te hoe pae o te mau haava e te mau haava tauturu no te tahi mau Tiripuna.

Irava III.

E faa-api hia teienei maiti raa i te mau matahiti atoa, i te Avae ra ia Tetepa.

Na te Auvaha o te pae au papaa e faatupu i teienei maiti raa, e i raro ae hoi i tana peretiteni raa.

Irava IV.

I te avae ra ia Tetepa, na te hoe faaue raa na te Tomana te Auvaha o te Emepera e faatoroa i te feia e au ia faatia hia ei feia toroa no teienei mau Tiripuna, ei te mahana hoe no Atopa i te reira matahiti e tae noa tu i te mahana hoe no Atopa i te matahiti i muriho.

E tia i taua feia toroa râ ia faatia faahou hia i roto i teienei mau toroa.

Te mau toroa haava i tuu hia tu i nia i te mau Raatira, toroa e te rave ohipa no te hau, e ore la e faaore i te hoe faahurué raa tia, i roto i te mau haapao raa e vai nei no te mau ohipa a te hau e te faachau.

Irava V.

Te Tiripuna a te Haava papaa. Na te haava papaa mau i faatoroa hia e te Emepera, e haapao i teienei Tiripuna.

Article VI.

Le Tribunal de 1ere Instance et de Commerce est ainsi formé :

Tribunal de Commerce. — Le Président et les juges sont choisis parmi les Résidants désignés à l'article 2.

Tribunal Civil. — Le Président est choisi, dans le personnel énuméré aux deux premiers paragraphes de l'article premier.

Les Juges et Juges Assesseurs sont choisis dans le personnel énuméré à l'article 1er, paragraphes 1 et 3, et à l'article 2.

Si le président est un Résidant, le premier Juge doit être une des personnes figurant au paragraphe 1er de l'article 1er.

Article VII.

Conseil d'appel. — Le Conseil d'appel est formé, sous notre Présidence, des trois premiers membres du Conseil d'administration auxquels sont adjoints des assesseurs choisis dans les mêmes conditions que pour le Tribunal de première instance, de façon que le Conseil soit composé de six Juges.

Dans les affaires mixtes, le Conseil d'administration, jugeant en Conseil d'appel, sera ainsi composé :

Les deux premiers membres titulaires du Conseil d'administration,

Deux Résidants,

Deux Tohitou.

Article VIII.

Tribunal Correctionnel. — Le Président est choisi dans le personnel énuméré au paragraphe 1er de l'article 1er

Les Juges et Juges assesseurs sont choisis dans le personnel énuméré à l'article 1er.

Article IX.

Tribunal Criminel (Cour d'assises des Iles de la Société). — L'Ordonnateur préside ce tribunal, les Juges et Juges assesseurs, sont choisis dans le personnel énuméré à l'article 1er.

Article X.

Les fonctions du Ministère public près les Tribunaux du Protectorat seront exercées par un officier ou fonctionnaire des Etablissements, qui prendra le titre : faisant fonctions de procureur Impérial.

Ce fonctionnaire sera assisté par un ou plusieurs subsistuts qui lui seront soumis hiérarchiquement dans leurs fonctions judiciaires. Ces fonctions de Procureur Impérial et de subsistuts seront, par exception à l'article 2, données sans temps limité.

Irava VI.

Te Tiripuna no te haava raa matamua, e no te hoo raa taoa ra, te faatia hia nei ìa mai teie i muri nei.

Tiripuna hoo raa taoa. E maiti hia te Peretiteni e te mau haava i rotopu i te mau taata parahi i nia i te fenua nei, tei faaite hia i te irava 2 ra.

Tiripuna Civil. E maiti hia te Peretiteni i rotopu i te feia i faaite hia i na paeau matamua e piti no te irava matamua Te mau haava e te mau haava tauturu e maiti hia ìa i rotopu i te feia e faaite hia i te Irava hoe te paeau hoe e te toru, e te Irava piti hoi.

Mai te mea no rotopu i te feia parahi haere i nia i te fenua nei te Peretiteni, no rotopu ìa te haava matamua i te feia i faaite hia i te paeau hoe no te Irava hoe e au ai.

Irava VII.

Conseil d'Appel. Haava raa rahi.

E faatia hia te Haava raa rahi i raro ae i tau Peretiteni raa, na taata toroa matamua e toru no roto i te apoo raa a te Hau, mai te amui hia mai na haava tauturu maiti hia na roto i te mau ravea mai tei faaite hia mai no te Tiripuna no te haava raa ma'amua; ìa ono ae haava te faatia i taua haava raa rahi ra.

I roto i te mau ohipa anoi; te apoo raa a te Hau ra ìa rave i te Haava raa rahi, mai teie ia ia faatia; na taata toroa matamua toopiti no te apoo raa o te Hau.

Toopiti tau taata parahi mai i te fenua nei Toopiti Toohitu.

Irava VIII.

Tiripuna Coretione, E maiti hia te Peretiteni i rotopu i te feia i faaite hia i te paeau hoe no te Irava hoe.

Te mau haava e te mau haava tauturu, e maiti hia ìa i roto i te feia i faaite hia i te Irava hoe.

Irava IX.

Tiripuna Criminel (Cour d'assises no te mau fenua Totaiete) Na te Ordonnteur e peretiteni i teienei Tiripuna, Te mau haava e te mau haava tauturu, e maiti hia ìa i rotopu i te feia i faaite hia i te irava hoe.

Irava X.

Te toroa auvaha Ture i pihaiho i te mau Tiripuna no te Hau Tamaru, na te hoe ìa Raatira e aore ìa e taata toroa no te Hau e rave, o te topa hia i te ioa, rave i te toroa Auvaha Ture.

E tauturu hia teienei taata toroa e te hoe e aore ia e te vetahi tau tauturu, o te tuu hia, tu iana ra mai te au i to ratou mana i roto i to ratou mau toroa haava.

Teienei toroa Auvaha Ture e te mau tauturu e horoa hia ìa, mai te taa è i te irava piti, no te taime faataaorehia.

Article XI.

Le Ministère public, dans ses conclusions, requiert toujours l'application des lois Taïtiennes et des arrêtés locaux, et c'est seulement dans le silence de ces lois et arrêtés que les lois françaises sont invoquées et appliquées.

Article XII.

Le Greffe des Tribunaux sera tenu par un Greffier assisté, s'il est nécessaire, de commis.

Article XIII.

Les Interprètes nécessaires aux Tribunaux ou autorisés à donner des traductions légales, seront nommés par le Commandant Commissaire Impérial.

Article XIV.

Il est formellement interdit de traduire aucun acte sous seing-privé sans que cet acte soit enregistré.

La signature des interprètes devra être légalisée par le président du Tribunal de première instance.

Article XV.

La procédure à suivre devant le Tribunal criminel (Cour d'Assises des Iles de la Société) sera, à compter du 1er octobre 1860, celle établie au Liv. III du Code de justice militaire, pour l'armée de mer, du 4 juin 1858.

Article XVI.

Le Tribunal criminel, jugeant en Cour d'Appel du tribunal correctionnel, se conformera à la procédure des Conseils de révision permanents établis par le Code de justice militaire susindiqué.

Article XVII.

Les jours d'audience des divers tribunaux du Protectorat sont ainsi fixés :

1o *Justice de paix.* — Le juge de paix se conformera pour ses audiences à l'art. 8 du Code de procédure civile.

Pendant les tournées du juge de paix, ordonnées dans les districts, les juges et mutois devront, aussitôt l'arrivée de ce magistrat, se trouver dans la maison du chef, afin d'obéir à toute réquisition de Justice.

L'ordre qui ordonnera ces tournées sera inséré au *Messager* huit jours avant le départ du juge de paix.

2o *Tribunal de commerce.* — Ce tribunal s'assemblera à toute heure, sur la convocation de son président; les séances devront se tenir au Palais de Justice.

Irava XI.

E titau maite te Auvaha Ture i roto i tana mau faaoti raa, ia faau
hia te mau ture tahiti e te mau faaue raa o te fenua nei, e tei te mamu
raa, nae ra o teienei mau Ture e te faaue raa, e tia'i ia rave e ia faati i
te mau Ture farani

Irava XII.

Te Greffe (oia hoi te fare toroa vai raa parau a te mau Tiripuna) na
te hoe ia Greffier (papai parau e haapao mai te tauturu hia mai te mea
e au i te tahi, tau papai parau.

Irava XIII.

Te mau Auvaha faaite parau e au no te mau Tiripuna, e o tei
faatiahia e iriti i te mau parau e au ra, na te Tomana ia te Auvaha o
te Emepera e faatoroa.

Irava XIV.

Te faaore roa hia nei te iriti haere noa i te mau parau atoa, ia ore
teienei parau ia papai hia na mua i te fare toroa papai raa parau.

Te ioa o te mau Auvaha faaite parau na te Peretiteni ia o te
Tiripuna no te haa'a raa matamua e faatia.

Irava XV.

Te mau haapao raa e au ia rave i mua i te Tiripuna Criminel
(Cour d'assises no te mau fenua Totaiete, ia tae ia i te mahana hoe no
Atopa 1860 e haapao hia'i tei faa tia hia i te puta III no te pue raa Ture
no te faaehau no te Nuu moana, no te 2 no Tiunu 1858.

Irava XVI.

Te Tiripuna Criminel i te haava raa ei Tiripuna horo raa no te
Tiripuna Ceretione, e rave ia i te mau haapao raa no te Conseil de
Revision faatia hia e te pue raa Ture no te faaehau faaite hia i nia nei.

Irava XVII.

Te faataa hia nei te mau mahana no te putuputu raa te mau Tiripuna
o te Hau Tamaru mai teie i muri nei te huru:

1a- Te haava raa papaa.

E haapao te haava papaa no te mau mahana no tana haava raa i
te irava 8 no te pue raa Ture no te Proeedure Civile.

I te mau taamu haere raa o te haava papaa ra, faaue hia, i roto
i te mau mataeinaa, ia roohia'tu ia te mau haava e te mau Mutoi ua
putuputu anae i roto i te fare o te Tavana, ia haapao ratou i te mau
titau raa, toa no te parau tia.

Te faaue raa i faaue i teienei mau taamu raa e nenei hia ia i roto i te
Vea, e vau ae mahana i mua'e i te reva raa o te haava papaa.

2i- Tiripuna hoo raa taoa.

E putuputu teienei Tiripuna i te mau hora'toa ia parau hia'tu e te
Peretiteni. Ei te fare toroa no te haava raa e haaputuputu ai.

3° *Tribunal civil.* — Le tribunal civil tiendra ses audiences au Palais de Justice, à midi, le deuxième et le quatrième lundi de chaque mois.

Dans les cas d'urgence, ou lorsqu'il s'agira de statuer provisoirement sur des difficultés relatives à l'exécution d'un titre exécutoire ou d'un jugement, on se conformera au Titre XVI, Liv. ve, 1re part., du Code de procédure civile.

4° *Conseil d'appel.* — Le Conseil d'appel s'assemblera au Palais de Justice, à midi, sur la convocation spéciale de son président.

5°. *Tribunal correctionnel.* — Le tribunal correctionnel tiendra ses audiences au Palais de Justice, le troisième lundi de chaque mois, à midi.

6° *Tribunal criminel.* — Le tribunal criminel tiendra ses audiences au Palais de Justice, à midi, sur la convocation spéciale de son président.

Dispositions générales

Pendant le mois de Septembre, il y aura vacances pour les tribunaux ; les audiences utiles seront affichées à l'avance au Palais de Justice.

Article XVIII.

Le greffe sera ouvert tous les jours de sept heures du matin à dix heures, et de une heure à cinq heures du soir, excepté les jours d'audiences où il sera fermé de midi à quatre heures.

Le bureau des interprètes sera ouvert pendant les mêmes heures.

Article XIX.

Le Parquet sera ouvert tous les jours de une heure à trois heures de l'après-midi.

Article XX.

Sont abrogées toutes dispositions contraires à celles contenues dans le présent Arrêté.

Article XXI.

Notre présent Arrêté, traduit en langue Taïtienne, sera publié au *Messager*, enregistré au greffe des tribunaux du Protectorat et aux greffes des tribunaux indigènes.

Il sera tiré à cent exemplaires dans les deux langues, déposé aux Archives de la Colonie et publié au *Bulletin officiel* des Établissements de l'Océanie.

Papeete, le 30 Août 1860.

Signé : E. G. de la RICHERIE.

Par le Commandant Commissaire Impérial,
L'Ordonnateur, faisant fonctions
de Directeur de l'intérieur.   Signé : Ch. SUE.

3u - Tiripuna Civil.

Ei te fare toroa no te haava raa e rave ai te Tiripuna Civil i tana mau ohipa i te hora hoe ahuru ma piti i te Avatea mau, i te monire piti e te maha no te mau avae atoa.

I te mau parau ru ra, e aore ia, mai te mea e au ia faataa noa'e i te fifi no te haamana raa i te hoe parau haamana hia, e te hoe haava raa, e haa, ao ia i te pene XVI puta V pacau matamua no te pue raa ture no te Procedure Civile.

4a - Haava raa rahi.

E haaputuputu te Haava raa rahi i te fare toroa no te haava raa i te hora hoe ahuru ma piti, e ia haaputuputu hia e te Peretiteni.

5e - Tiripuna Coretione.

Ei te fare toroa no te haava raa e rave ai te Tiripuna Coretione i tana mau ohipa, i te toru o te Monire no te mau Avae atoa i te hora hoe ahuru ma piti.

6o - Tiripuna Criminel.

Ei te fare toroa no te haava raa e rave ai te Tiripuna Criminel i tana mau ohipa i te hora hoe ahuru mapiti, ia haaputuputu hia e te Peretiteni

MAU PARAU TAATOA.

Ia tae i te Avae ra ia Tetepa, e faaea raa ia to te mau Tiripuna'toa, aore e putuputu raa: te mau putuputu raa faufaa ra e pia hia ia na mua i te fare toroa no te haava raa.

Irava XVIII.

E iriti hia te piha toroa vai raa parau i te mau mahana'toa, i te hora hitu i te poipoi e tae noa tu i te hora hoe ahuru, e i te hora hoe e tae noa tu i te hora pae i te ahi ahi, maori ra te mau mahana putuputu raa, e opani hia ià i te hora hoe ahuru ma piti e tae noa'tu i te hora maha.

E iriti atoa hia te fare toroa o te mau Auvaha faaite parau i teienei mau hora i faaite hia nei.

Irava XIX.

E iriti hia te Parquet oia hoi te fare toroa no te haava raa i te mau mahana'toa i te hora hoe e tae noa'tu i te hora toru i te tapeà mahana.

Irava XX,

Te faaore hia nei te mau haapao raa toa e ore e au mai i teie e faaite hia i roto i teienei faaue raa.

Irava XXI.

Teienei faaue raa tei iriti hia i te reo Tahiti, e nenei hia ia i roto i te Vea, papaihia i te vai raa parau o te mau Tiripuna no te Hau Tamaru, e i te mau vai raa parau hoi no te mau Tiripuna Tahiti.

E nenei atoa hia hoe hanere i roto i na reo e, piti, o te vai iho hia i te vai raa parau a te Hau, e nenei atoa hia hoi i roto i te parau toroa o te mau fenua farani i Oceania.   Papeete te 30 Atete 1860,

Na te Tomana te Auvaha o te Emepera.

Papaihia : E. G. de la RICHERIE.

Te Ordonnateur tei rave i te toroa no te pae i uta.

Papaihia : Ch. SUE.

RECUEUIL

des Actes cités dans l'ARRÊTÉ du 3 0 Août 1 8 6 0 .

CODE

DE PROCÉDURE DU PROTECTORAT

A TAÏTI.

Sa Majesté la Reine Pomare, d'accord avec le commissaire de la République française, désirant régler d'une manière définitive les relations entre les indigènes et les étrangers, tout en respectant les droits du Protectorat, a reconnu qu'il était urgent, qu'un réglement de la justice relatif aux étrangers, dant le nombre tend à augmenter tous les jours, fut fait le plutôt possible ;

Que ce réglement, sous le nom de *Code du Protectorat*, fut proclamé par l'autorité du commissaire de la République et reçut provisoirement son exécution aux Iles de la Société, jusqu'à ce que le Gouvernement français l'ait approuvé définitivement ou modifié ainsi qu'il en a le droit.

Justice de Paix.

Considérant qu'il est du droit et du devoir de la puissance protectrice de poser les régles qu'elle juge nécessaires au maintien du bon ordre et à la sécurité générale, tout en accordant la protection la plus large aux Européens et autres étrangers residant à Taïti ;

Considérant que si les conseils de guerre ont dû momentanément, en l'absence de tout autre législature et dans des temps de trouble, être saisis de toutes les affaires criminelles, il n'en est plus de même aujourd'hui que tout est rentré dans l'ordre;

Que ces conseils doivent revenir à leurs véritables attributions, qui sont de juger les personnes appartenant à l'armée ainsi que les crimes ou complots menaçant l'autorité dévolue à la France par le traité du Protectorat;

Considérant que si les résidants offrent toutes les garanties désirables pour juger les crimes contre les personnes ou les propriétés, commis par les Européens ou contre les Européens, il serait cependant impossible, pour le moment, sans les détourner trop souvent de leurs affaires commerciales, de les faire concourir exclusivement à la distribution de la justice entre eux :

Considérant que tout en accordant aux Européens les garanties que peut offrir un pays naissant, il est de tout justice que l'élément indigène soit représenté lorsqu'une cause mixte se présente devant les Tribunaux;

Le conseil de Gouvernement entendu;

Le commissaire de la République ARRÊTE :

Art. 1er. La justice de paix de Taïti fonctionnera conformément aux dispositions contenues dans le livre 1er du Code de procédure civile français, sauf les modifications de compétence qui seront spécifiées ci-après :

Art. 2. Le juge de paix connaîtra de toutes les contestations qui pourront s'élever en matière personnelle et mobilière, sans appel, jusqu'à concurrence de 200 francs, et, à charge d'appel, jusqu'à concurrence de 3,000 francs.

Art. 3. Lorsque la contestation sera entre résidants ou étrangers, le juge de paix prononcera seul; lorsqu'elle sera mixte, c'est-à-dire entre résidants et indigènes, le juge de paix s'adjoindra, comme assesseur éventuel, le juge indigène du district où la cause sera jugée.

Art. 4. En cas de partage des voix la cause sera déférée au Tribunal de 1er instance et de commerce.

Art. 5. En matière de contrevention aux lois de police, le juge de paix devra prononcer d'après les régles posées au livre IV du Code pénal français; mais sa compétence sera étendue dans les proportions suivantes :

1o Pour l'emprisonnement le maximum sera de quinze jours au lieu de cinq, avec appel;

2o Pour l'amende le maximum sera de cinquante francs au lieu de quinze, sans appel.

3o Pour la confiscation, en matière de douanes, le maximum pourra atteindre toutes les valeurs dont la saisie et la confiscation sont prescrites par les lois et par les Arrêtés locaux, sans appel.

Art. 6. Seront réputées contraventions de police, et comme telles

soumises à la juridiction du juge de paix, outre les cas prévus par le
livre IV du Code pénal français, toutes les infractions aux arrêtés locaux
dont la pénalité n'excède point les limites de compétence posées en
l'art. 5 du présent Arrêté.

Art. 7. Les fonctions du ministère public, pour les faits de police,
seront remplies par le commissaire de police de Papeete.

Art. 8. Les jugements rendus en matière de contestation civile pourront être attaqués par la voie de l'appel quand il s'agira d'une somme
excédant 300 francs, et la cause sera alors portée devant le Tribunal de
1re instance.

Art. 9. Les jugements rendus en matière de police pourront être
attaqués par la voie de l'appel lorsqu'ils prononceront un emprisonnement ou lorsque les amendes ou réparations civiles excéderont
50 francs. L'appel sera suspensif et sera porté devant le Tribunal correctionnel.

Art. 10. En matière de police on se conformera, pour la procédure,
aux dispositions contenues au titre 1er du livre II du Code d'intruction
criminelle.

Art. 11. Le juge de paix fera une tournée dans les divers districts
tous les trimestres, et plus souvent si les nécessités du service l'exigent.

Art. 12. En dehors des époques de ces tournées toutes les affaires
seront jugées à Papeete, à moins que les plaideuers, quels qu'ils soient,
n'acceptent la juridiction du juge indigène du district où la contestation
se sera élevée.

Tribunal de Police Correctionnelle.

Art. 1er Le Tribunal de police correctionnelle sera composé du
juge de paix, président, et de trois juges assesseurs, dont un indigène.

Art. 2. Ce Tribunal ne pourra prononcer qu'au nombre de trois juges
en y comprenant le président.

Art. 3. Les deux juges assesseurs étrangers seront désignés par le
commissaire de la République, qui pourra les prendre parmi les
assesseurs du Tribunal de commerce.

Art. 4. Le juge assesseur indigène près du Tribunal de police correctionnelle sera un juge de district désigné, sur la demande du président, par le Commissaire de la République.

Art. 5. Lorsqu'il s'agira d'une affaire où des résidants seulement seront en cause, les deux assesseurs seront européens; si l'affaire est mixte, l'un des deux assesseurs sera le juge indigène.

Art. 6. Dans le cas des affaires mixtes, l'élimination de l'un des deux assesseurs européens aura lieu par la voie du sort au moment d'entrer en séance et pour chaque affaire.

Art. 7. Pendant la durée des séance les membres du Tribunal seront décorés d'une marque distinctive de leurs fonctions qui sera déterminée ultérieurement.

Art. 8. Les fonctions du minis'ère public près de ce Tribunal seront remplies par la personne que nommera le commissaire de la République.

COMPÉTENCE.

Art. 9. Ce Tribunal connaîtra de tous les délits qui excèdent la compétence du juge de paix en matière de police.

Art. 10. Ce Tribunal, pour l'application des peines, se conformera aux dispositions des lois pénales françaises et des Arrêtés locaux.

Art. 11. La limite des amendes pourra être étendue au double du chiffre fixé par les lois de la métropole, quand il y aura lieu de faire l'application de ces lois.

Art. 12. L'emprisonnement ne pourra jamais dépasser la limite de cinq années, même en cas de récidive.

Art. 13. Le Tribunal de police correctionelle connaîtra des appels des jugements rendus en matière de simple police, en la forme et manière prescrites par les art. 174 et suivants du Code d'instrution criminelle

Art. 14. Quand des Indiens seront en cause, il y aura lieu, à peine de nullité, de poser la question de discernement.

Art. 15. La question de discernement étant posée, le Tribunal pourra modifier les condamnations en raison du dégré de discernement qui sera reconnu au prévenu.

Art. 16. Les jugements du Tribunal correctionnel pourra être attaqués par la voie de l'appel quand l'emprisonnement prononcé dépassera quinze jours; il en sera de même quand les amendes excéderont 500 francs.

Art. 17. Les appels seront portés devant le Tribunal criminel qui, pour en connaître, siégera comme Cour d'appel, par analogie avec ce qui est prescrit par les art. 199 et suivants du Code d'instruction criminelle.

Art. 18. Les parties condamnées en appel pourront être condamnées par le Tribunal à une amende de 100 à 200 francs à titre de frais et dépens.

Art. 19. On se conformera, pour la procédure et la tenue des séances, aux dispositions contenues dans le chapitre 1er du livre II du Code d'instruction criminelle.

Art. 20. Il y aura près de ce Tribunal un greffier et un huissier nommés par le Commissaire de la République.

Art. 21. Les séances auront lieu le premier mercredi de chaque mois et les mercredis suivants s'il y a nécessité.

Article *Transitoire.*

Le juge de paix ne devant pas présider le Tribunal dans une affaire en appel qu'il aura jugé en premier ressort, et pouvant d'ailleurs être empêché par la maladie ou par toute autre cause, le Commissaire de la République désignera un président provisoire jusqu'à la nomination d'un deuxième juge de paix à Taïti.

Tribunal Criminel.

Art. 1er Les crimes ne compromettant pas la sureté de la colonie seront jugés par un Tribunal spécial désigné sous le nom de Tribunal criminel.

Art. 2. Ce Tribunal sera composé de sept membres, savoir :

Un président; le président de l'un des conseils de guerre.

Le chef du service administratif, juge.

Le contrôleur, juge.

Quatre juges assesseurs.

Art. 3. Dans le cas d'empêchement constaté pour les juges de siéger, le Commissaire de la République, pour ne pas entraver le cours de la jutice, pourra pourvoir à leur remplacement par les assesseurs suppléants, ou par des officiers du grade hiérarchiquement le plus élevé, qui seront présents sur les lieux.

Art. 4. Quand les accusés et leurs complices seront des résidants la totalité des assesseurs sera choisie parmi les résidants.

Art. 5. Quand il y aura des indigènes parmi les accusés ou leurs complices, c'est-à-dire quand l'accusation sera mixte, deux assesseurs seront indigènes.

Art. 6. Les assesseurs résidants et indigènes qui devront entrer dans la composition du Tribunal criminel seront nommés par le Commissaire de la République.

Art. 7. La durée du mandat des juges assesseurs sera d'une année, à moins de révocation motivée devant le Conseil de Gouvernement.

Art. 8. Les assesseurs du Tribunal correctionnel ne pourront faire partie du Tribunal criminel.

Art. 9. Les fonctions du ministère public seront remplies par le rapporteur de l'un des deux conseils de guerre.

Art. 10. Quand des indigènes seront en cause, la question de discernement sera toujours posée, afin qu'on puisse modifier les condamnations selon le degré de discernement qui sera reconnu à l'accusé.

Art. 11. Pour l'application des peines le Tribunal se conformera aux dispositions du Code pénal de la métropole et aux arrêtés locaux.

Art. 12. Ce Tribunal connaîtra des appels des jugements rendus par le Tribunal correctionnel, et, dans ces cas, il siégera comme Cour d'appel et n'aura pas de juges assesseurs.

Art. 13. Le rejet de l'appel entraînera toujours pour l'appelant la condamnation aux frais et dépens.

CHAMBRE DE MISE EN ACCUSATION.

Art. 14. Le Tribunal criminel sera saisi des causes en vertu d'un jugement de mise en accusation rendu par une chambre spéciale.

Art. 15 Cette Chambre spéciale, dite Chambre de mise en accusation, sera composée de trois membres au choix du Commissaire de la République.

Art. 16. Les membres de la Chambre de mise en accusation ne pourront entrer, comme membres délibérants, dans la composition du Tribunal criminel.

Art. 17. Le juge de paix remplira près de la Chambre de mise en accusation les fonctions de juge d'instruction, sans prendre part à la délibération, qui aura lieu à huis-clos; l'arrêt sera prononcé par les trois membres titulaires de la Chambre.

Art. 18. Dès que le jugement de mise en accusation sera rendu par la Chambre, une expédition de ce jugement, avec la plainte et le procès-verbal d'instruction, sera remise au rapporteur remplissant les fonctions du ministère public près du Tribunal criminel.

Art. 19. Pour éviter les longues détentions, préventives la Chambre des mises en accusation pourra proposer au Commissaire de la République l'élargissement sous caution des prévenus, et fixera le chiffre de la caution pour chaque cause : la somme déposée ne pourra être moindre de 800 francs.

Art. 20. Le rapporteur, une fois saisi de l'affaire, conduira la procédure conformément aux dispositions de la loi du 13 brumaire an v, en posant toutefois la question des circonstances atténuantes et du discernement.

Art. 21. Dès que les procès-verbaux d'interrogatoire et d'information seront terminés le rapporteur en informera le président, qui procédera immédiatement à la convocation du Tribunal criminel.

Art. 22. Lorsque le Tribunal sera saisi d'une cause par la voie de l'appel, le rapporteur procédera de la même manière, en se conformant à ce qui est prescrit par la loi du 13 brumaire an v déjà citée, sauf la modification spécifiée aux articles 19 et 20.

Les parties condamnées en appel pourront être condamnées à une amende de 100 à 200 francs à titre de frais et dépens.

Art. 23. Les condamnations ne pourront être prononcées qu'à la majorité de cinq voix sur sept.

Art. 24. Les jugements du Tribunal criminel ne seront susceptibles que de recours en grâce avec sursis préalable.

Art. 25. Ce Tribunal pourra appliquer toutes les peines qui sont de la compétence des Cours d'assises de la métropole. Ces peines seront subies sur les lieux.

Art. 26. Le mode d'exécution des jugements du Tribunal criminel sera fixé ultérieurement par un règlement spécial.

Art. 27. Il yaura près de ce Tribunal un greffier assermenté nommé par le Commissaire de la République.

Art. 28. Les dispositions des arrêtés précédents qui ne sont pas contraires au présent arrêté continueront à être exécutées.

Art. 29. Le présent arrêté sera exécutoire aussitôt après les élections et nominations des juges.

Considérant qu'il est du droit et du devoir de la puissance protectrice d'assurer l'exécution des lois qui régissent le pays protégé ;

Considérant que si les jugements rendus par les Conseils de guerre, sur quelque point du globe qu'ils soient assemblés, de même que les condamnations prononcées par les Tribunaux légalement constitués, reçoivent leur exécution en France, il n'en sera peut-être pas de même pour les jugements ou condamnations prononcés par des Tribunaux constitués avec le concours de la Reine Pomare, comme cela a lieu de toute nécessité dans les pays soumis au Protectorat de la France ;

Le conseil de Gouvernement entendu ;

Le commissaire de la République ARRÈTE :

Les peines prononcées par les Tribunaux des îles de la Société seront subies à Taïti.

Fait à Papeete, le 22 avril 1850.

Le Commissaire de la République,
Signé : BONARD.

Le Secrétaire du Conseil de Gouvernement,
Signé : A. de VAUCRIGNEUSE.

Tribunal de première instance et de Commerce.

Considérant : 1° Qu'il est du droit et du devoir de la puissance protectrice à Tahiti de régler le mode de procédure à suivre dans les contestations commerciales et d'intérêt privé, soit entre les résidants ou tous autres étrangers aux îles de la Société, soit entre ces étrangers et les indigènes ;

2° Qu'il est indispensable, pour encourager le commerce et les transactions, d'offrir aux négociants toutes les garanties possibles de la science commerciale jointe à l'impartialité chez les personnes appelées à juger leurs différents ;

3° Qu'il est de toute justice de faire représenter l'intérêt indigène dans les contestations entre indigènes et résidants ;

Considérant que le Code français doit être appliqué par les tribunaux de 1re instance, de Commerce et par la Cour d'appel, et qu'il peut arriver que quelques-unes des formalités protectrices de ce Code soient omises dans les jugements :

Que dès lors, quand il s'agit de valeurs considérables, un arbitre offrant toutes les garanties de la science, tel que la Cour de cassation, doit pouvoir rectifier les erreurs :

Le conseil de Gouvernement entendu,

Le commissaire de la République ARRÊTE :

AFFAIRES CIVILES ET COMMERCIALES.

TRIBUNAL DE 1re INSTANCE ET DE COMMERCE.

Art. 1er. Il est institué, à Papeete, un Tribunal de 1re instance et de commerce, composé du Chef d'administration, président, d'un juge vice-président, de deux juges titulaires et de deux juges suppléants.

Art. 2. Lorsque le président ne siégera pas, il sera remplacé par le vice-président.

Art. 3. Ce Tribunal ne jugera jamais qu'avec trois membres, qui seront tous pris parmi les résidants français ou étrangers, lorsque la cause sera entre résidants, et dont un devra être indigène, lorsque la cause sera entre résidants et indigènes. Dans ce dernier cas, l'élimination du juge européen aura lieu par la voie du sort, au moment d'entrer en séance.

Art. 4 Les membres européens de ce tribunal seront élus dans une assemblée composée de commerçants notables de Tahiti, de Moorea et des pays soumis au Protectorat.

Art. 5. La liste des notables sera dressée, pour tous les commerçants, par le Chef du service administratif et approuvée par le Commissaire de la République.

Art. 6. Tout commerçant notable pourra être nommé juge s'il est âgé de 25 ans révolus et s'il exerce le commerce depuis un an, à Taïti, avec probité. Le vice-président devra être âgé de 30 ans révolus.

Art. 7. L'élection sera faite au scrutin individuel et à la pluralité absolue des suffrages; et lorsqu'il s'agira d'élire le vice-président, l'objet spécial de cette élection sera annoncé avant d'aller au scrutin. Trois candidats seront proposés, pour les fonctions de vice-président, au choix du Commissaire de la République.

Art. 8. L'élection devra être validée par le Commissaire de la République, qui pourra ordonner qu'on procède à une nouvelle élection.

Art. 9. A la première élection, le président et la moitié des juges et des suppléants seront élus pour un an. La seconde moitié des juges et des suppléants seront nommés pour six mois. Aux élections postérieures toutes les élections seront faites pour un an.

Art. 10. Les membres sortants pourront toujours être réélus, mais leur élection devra toujours, comme celles des autres, être validée par le Commissaire de la République.

Art. 11. Un juge titulaire et un juge suppléant indigènes seront élus également pour les causes mixtes. Ces deux juges seront désignés à la pluralité des voix par la Cour des Toohitu, dont ils devront être membres, et leur élection devra être soumise à l'approbation de S. M. la Reine et du Commissaire de la République.

Art. 12. Les fonctions des juges du Tribunal de Ire instance et de commerce sont honorifiques.

Art. 13. Il y aura auprès de ce Tribunal un greffier assermenté nommé par le Commissaire de la République.

COMPÉTENCE.

Art. 14. Le Tribunal de 1re instance et de commerce, jugeant en matière civile, connaîtra, en dernier ressort, des actions personnelles mobilières jusqu'à la valeur de trois mille francs de principal, et des actions immobilières jusqu'à cent vingt francs de revenu. Pour toutes les actions d'une valeur supérieure le Tribunal ne prononcera qu'en premier ressort.

Art. 15. Ce Tribunal prononcera en seconde instance sur les appels de jugements rendus par le juge de paix.

Art. 16. En matière commerciale le tribunal connaîtra :

1° De toutes contestations relatives aux engagements et transactions entre négociants et marchands ;

2o Des contestations relatives aux actes de commerce entre tontes personnes.

Art. 17. Seront réputés actes de commerce tous ceux qui sont définis tels par le Code de commerce français.

Art. 18. Le Tribunal de commerce jugera en dernier ressort toutes les demandes dont le principal n'excédra pas trois mille francs.

Art. 19. En matière civile et commerciale, le Tribunal prononcera en dernier ressort sur toutes les demandes dans les quelles les parties auront déclaré vouloir être jugées définitivement et sans appel.

Art. 20. Les appels des jugements du Tribunal de 1re instance et de commerce seront portés devant le Conseil de Gouvernement. Ce Conseil s'adjoindra, pour siéger comme Cour d'appel, deux assesseurs pris parmi les résidants, si la cause est entre résidants; et si l'affaire est mixte, un des assesseurs sera remplacé par un assesseur indigène.

Art. 21. L'assesseur européen ou indigène qui devra siéger à la Cour d'appel sera désigné par les membres du Conseil de Gouvernement.

Art. 22. Les séances du Tribunal, siégeant comme Tribunal de 1re instance, auront lieu les premiers lundis de chaque mois et les lundis suivants si cela est nécessaire.

Les séances du Tribunal, siégeant comme Tribunal de commerce, auront lieu les premiers vendredis de chaque mois et les vendredis suivants si cela est nécessaire.

Art. 23. La forme de procéder du Tribunal sera réglée, en matière purement civile, d'après les articles 48 et suivants du Code de procédure civile français, et en matière de commerce d'après l'art. 642 du Code de commerce.

Art. 24. Ce Tribunal appliquera toujours la loi française, et, dans les cas non prévus par cette loi, il appliquera les lois taïtiennes ou les usages du pays.

DE LA COUR D'APPEL.

Art. 25. La Cour d'appel se composera des membres du Conseil de Gouvernement, à l'exception du Chef des services administratifs qui est président du Tribunal de 1re instance et de commerce. Le Conseil de Gouvernement s'adjoindra des assesseurs comme il est dit à l'art. 20.

Art. 26. Jusqu'à nouvel ordre la Cour d'appel siégera quatre fois par an.

Art. 27. Un des membres sera désigné par la Cour pour être rapporteur des affaires qu'elle doit examiner.

Art. 28. L'arrêté n° 39, du 22 décembre 1844, relatif aux frais et dépens des appelants, continuera d'être en vigueur.

Art. 29. Les arrêtés précédents continueront à être exécutés en tout ce qui n'est pas contraire au présent.

DU RECOURS EN CASSATION.

Art. 30. Le recours en cassation ne pourra avoir lieu que dans les contestations portant sur la somme de vingt-cinq mille francs et au-dessus.

Le Commissaire de la République.
Signé : **BONARD.**

Le secrétaire du Conseil de Gouvernement,
A. DE VAUGRIGNEUSE.

ARRÊTÉ N° 29

PORTANT ISTRUCTION SUR LES JUGEMENTS DU TRIBUNAL CRIMINEL.

Le commissaire de la République aux Iles de la Société,

Vu l'Arrêté du 22 avril 1850, n° 9, portant création du Tribunal criminel;

Vu l'article 26 dudit arrêté statuant : Le mode d'exécution des jugements du tribunal criminel sera fixé ultérieurement par un règlement spécial;

Vu l'article 7 de l'ordonnance du 28 avril 1843, rendue applicable aux Iles de la Société,

ARRÊTE :

Le tribunal devant suivre la manière de procéder des Conseils de guerre, il y aura lieu de se conformer autant que possible aux dispositions de la loi du 13 brumaire an V, sauf à introduire quelques modifications de détail à raison de l'organisation particulière de ce Tribunal.

Ainsi, par analogie avec ce qui se pratique dans les Conseils de guerre, le placement des juges aura lieu dans l'ordre suivant:

1° Les officiers militaires ou de l'Administration à la droite et à la gauche du président, par rang de grade et d'ancienneté de grade.

2° Les assesseurs européens, par rang d'âge.

3° Les assesseurs indigènes, pour les affaires mixtes, également par rang d'âge.

Toutefois, si ce placement avait pour résultat d'isoler les assesseurs qui parlent la même langue, et, par suite, de les mettre dans l'impossibilité de s'éclairer mutuellemen pendant les débats, il y aurait lieu alors, dans l'intérêt de la justice, de modifier l'ordre des places et de le combiner de manière à éviter cet inconvénient.

D'après le même principe d'analogie, les voix seront recueillies dans l'ordre suivant :

1o Les assesseurs indigènes d'abord, en commençant par le moins âgé, lorsqu'il s'agira d'affaires mixtes.

2o Les assesseurs européens ensuite, en suivant le même ordre c'est-à-dire en commençant par le plus jeune.

3o Les juges militaires ou appartenant à l'administration, d'après la hiérarchie des grades.

Cette manière de procéder sera homologuée dans le dispositif des jugements.

En ce qui concerne l'application de la peine, attendu qu'il n'entre pas de Commissaire du gouvernement dans la composition du Tribunal, le président la mettra aux voix dans l'ordre qui a été précédemment indiqué.

Les jugements rendus seront précédés de la formule : *Au nom du Gouvernement du Protectorat français.*

On se conformera pour la rédaction des jugements aux modèles ci-après :

FORMULAIRES

DES

JUGEMENTS DU TRIBUNAL CRIMINEL

des Iles de la Société.

[I.] — ACQUITTEMENT. —

Le Tribunal criminel des Iles de la Société a rendu le jugement suivant :

Au nom du Gouvernement du Protectorat français :

Ce jourd'hui... etc. Le Tribunal criminel des Iles de la Société, créé par l'Arrêté du Commissaire de la République aux Iles de la Société, en date du 22 avril 1850, composé conformément au même Arrêté de MM.....

M. ... remplissant les fonctions du ministère public, assisté de M. ...
greffier, tous nommés par le Commissaire de la République.

Lesquels, aux termes des articles 7 et 8 de la loi du 13 brumaire an
V, ne sont parents ou alliés ni entre eux, ni de l'accusé aux degrés
prohibés.

Le tribunal convoqué par l'ordre du Commissaire de la République,
s'est réuni au lieu ordinaire de ses séances... à l'effet de juger (*noms,
Prénoms, état, profession, lieu de naissance, etc.*) accusé de ... traduit devant le tribunal en vertu du jugement rendu par la Chambre de
mise en accusation, en date du ...

La séance ayant été ouverte, M. le président a fait apporter par le
greffier, et déposer devant lui, sur le bureau, un exemplaire de la loi
du 13 brumaire an V et de l'arrêté du 22 avril 1850, et a demandé ensuite au ministère public la lecture du procès-verbal d'information, et
de toutes les pièces, tant à charge qu'à décharge envers l'accusé....
au nombre de ... (*nombres de pièces*).

Cette lecture terminée, M. le président a ordonné à la garde d'amener l'accusé (*ou les accusés*), lequel a été introduit, libre et sans fers,
devant le tribunal, accompagné de ... défenseur officieux.

Interrogé sur ses noms, prénoms, âge, lieu de naissance, profession
et domicile.

A répondu (*consigner les réponses*).

Après avoir donné connaissance à l'accusé des faits à sa charge,
avoir fait prêter interrogatoire par l'organe de M. le président, après
avoir entendu publiquement et séparément. (*indiquer ici les témoins
à charge et à décharge, s'il y en a*), lesdits témoins, ayant au préalable prêté serment de parler sans haine et sans crainte, juré de dire la
vérité, toute la vérité et rien que la vérité, et déclaré n'être parent, allié ni serviteur des parties. (*indiquer ici que les pièces de conviction
s'il y en a, ont été représentées, et que la Partie civile, s'il y en a
une en cause, a été entendue*).

Ouï le ministère public dans ses conclusions, et l'accusé dans ses
moyens de défense, tant par lui que par son défenseur, lesquels ont
déclaré n'avoir rien à ajouter à leurs moyens de défense, M. le président a demandé aux membres du Tribunal s'ils avaient des observations à faire ; sur leur réponse négative, et avant d'aller aux opinions,
il a ordonné au défenseur et à l'accusé de se retirer. L'accusé a été reconduit par l'escorte à la prison, le ministère public, le greffier et les
assistants dans l'auditoire se sont retirés sur l'invitation du Président.

Le tribunal délibérant à huis-clos, le président a posé la question ainsi qu'il suit :

S'il y a plusieurs crimes ou délits, poser pour chacun la question de culpabilité. (Il faut également la poser pour chacun des accusés s'ils sont plusieurs).

Les voix recueillies séparément, en commençant par le moins âgé des assesseurs indigènes (s'il s'agit d'une affaire mixte), et continuant par le moins âgé des asseseurs européens, M. le président ayant émis son opinion le dernier, le tribunal déclare (*noms, prénoms, de l'accusé, indication de la majorité des voix*) non coupable.

Sur quoi, délibérant sur l'application de la peine, M. le président a lu le texte de la loi, et les voix recueillies de nouveau dans la forme indiquée ci-dessus, le tribunal acquitte (*noms, prénoms*) de l'accusation dirigée contre lui.

En conséquence, ordonne qu'il sera mis en liberté, s'il n'est retenu pour autre cause.

Enjoint au ministère public de lire de suite le présent jugement à l'acquitté en présence de la garde assemblée sous les armes, et au surplus de faire exécuter le présent jugement dans tout son contenu.

Ordonne, en outre, qu'il en sera envoyé, dans les délais prescrits par l'article 39 de la loi du 13 brumaire an V, à la diligence du président et du ministère public, une expédition, tant à M. le ministre de la marine et des colonies qu'à M. le Commissaire de la République aux Iles de la Société.

Fait, clos et jugé sans désemparer en séance publique à Papeete, les jour, mois et an que dessus, et les membres du tribunal ont signé avec le ministère public et le greffier.

Ici les signatures des membres du Tribunal.

Je certifie que le présent jugement a été lu à ....
(*date et heure*) en présence de la garde assemblée sous les armes, étant assisté du greffier du Tribunal.

Le greffier,   *L'officier chargé des fonctions du ministère public,*

Papeete. le...   décembre 1850.

Le Commissaire de la République,
Signé : **BONARD.**

— [II.] — CONDAMNATION. —

Le Tribunal criminel des Iles de la Société a rendu le jugement suivant :

Au nom du Gouvernement du Protectorat français.

Ce jourd'hui... etc. Le Tribunal criminel des Iles de la Société, créé par l'Arrêté du Commissaire de la République aux Iles de la Société, en date du 22 avril 1850, composé comformément au même Arrêté, de MM....

M. ... remplissant les fonctions du ministère public, assisté de M. ... greffier, tous nommés par le Commissaire de la République.

Lesquels, aux termes des articles 7 et 8 de la loi du 13 brumaire an V, ne sont parents ou alliés ni entre eux, ni de l'accusé aux degrés prohibés.

Le Tribunal convoqué par l'ordre du Commissaire de la République, s'est réuni au lieu ordinaire de ses séances ... à l'effet de juger (*noms, prénoms, état, profession, lieu de naissance, etc.*) accusé de... traduit devant le tribunal, en vertu du jugemeut rendu par la chambre de mise en accusation, en date du ...

La séance ayant été ouverte, le président a fait apporter par le greffier, et déposer devant lui sur le bureau, un exemplaire de la loi du 13 brumaire an V et de l'arrêté du 22 avril 1850, et a demandé en suite au ministère public la lecture du procès-verbal d'information, et de toutes les pièces tant à charge qu'à décharge envers l'accusé..... au nombre de ... (*nombre de pièces*).

Cette lecture terminée, le président a ordonné à la garde d'amener l'accusé (*ou les accusés*) lequel a été introduit libre et sans fers devant le Tribunal, accompagné de... défenseur officieux.

Interrogé sur ses noms, prénoms, âge, lieu de naissance, profession et domicile.

A répondu... (*consigner les réponses*)·

Après avoir donné connaissance à l'accusé des faits à sa charge, lui avoir fait prêter interrogatoire par l'organe du président, après avoir entendu publiquement et séparément (*indiquer ici les témoins à charge et à décharge, s'il y en a*) lesdits témoins, ayant au préalable prêté serment de parler sans crainte et sans haine, juré de dire la vérité, toute la vérité, et rien que la vérité, et déclaré n'être parent, allié ni serviteur des parties (*indiquer ici, que les pièces de convictions, s'il y en a, ont été représentées, et que la partie civile, s'il y en a une en cause, a été entendue*).

Oui le ministère public dans ses conclusions, et l'accusé dans ses moyens de défense, tant par lui que par son défenseur, lesquels ont déclaré n'avoir rien à ajouter à leurs moyens de défense, le président a demandé aux membres du Tribunal s'ils avaient des observations à faire, sur leur réponse négative et avant d'aller aux opinions, il a ordonné au défenseur et à l'accusé de se retirer. L'accusé a été reconduit par l'escorte à la prison ; le ministère public, le greffier et les assistants dans l'auditoire, se sont retirés sur l'invitation du président.

Le tribunal délibérant à huis-clos, le président a posé la question ainsi qu'il suit :

S'ils y a plusieurs crimes ou délits, poser pour chacun la question de culpabilité. Il faut également la poser pour chacun des accusés, s'il sont plusieurs).

Les voix recueillies séparément, en commençant par le moins âgé des assesseurs indigènes (*dans le cas des affaires mixtes seulement*) et continuant par le moins âgé des assesseurs européens, le président, ayant émis son opinion le dernier, le tribunal déclare (*noms et prénoms de l'accusé, désigner la majorité des voix et déterminer la culpabilité*).

Le président posera alors la question suivante :

Y a-t-il des circonstances atténuantes ? Les voix recueillies de nouveau dans l'ordre indiqué ci-dessus, le tribunal déclare (*indiquer ici la déclaration en spécifiant si c'est à la majorité ou à l'unanimité*).

Lorsque l'accusé sera un indigène, le président posera encore la question suivante : l'accusé a-t-il agit avec discernement ? Et les voix seront recueillies avec les formes indiquées ci-dessus.

Sur quoi délibérant sur l'application de la peine, le président a lu le texte de la loi, et les voix recueillies de nouveau dans l'ordre indiqué ci-dessus,

Le tribunal condamne (*indiquer ici si c'est à l'unanimité ou à la majorité fixée par la loi du 13 brumaire an V, mettre ensuite les noms, prénoms, profession du condamné, puis la peine, et dire qu'elle est appliquée en vertu de l'article de telle loi ou de tel code, dont le président a donné de nouveau lecture, et qui est transcrit textuellement, dans le dispositif du jugement. Condamner aux frais et transcrire le texte de la loi, qui a dû être lu par le président.*

Si le jugement doit être imprimé, mettre : Ordonne que le présent jugement sera imprimé, affiché et distribué au nombre de... exemplaires). Enjoint au ministère public de lire de suite le présent jugement au condamné, en présence de la garde assemblée sous les armes, de l'avertir qu'il a un délai de vingt-quatre heures pour le recours en grâce avec sursis préalable, et au surplus de faire exécuter le présent jugement dans tout son contenu. Ordonne, en outre, qu'il en sera envoyé, dans les délais prescrits par l'article 39 de la loi du 13 brumaire an V, à la diligence du président et du ministère public, une expédition, tant à M. le ministre de la marine et des colonies, qu'à M. le Commissaire de la République.

Fait, clos et jugé sans désemparer en séance publique à Papeete, les jour, mois et an que dessus, et les membres du Tribunal ont signé, avec le ministère public et le greffier, la minute du présent jugement, (*Ici les signatures des membres du tribunal*).

Je certifie que le présent jugement a été lu à .... le (*date et heure*) et qu'il a été averti du délai de vingt-quatre heures qui lui est accordé pour le recours en grâce. Cette lecture faite en présence de la garde assemblée sous les armes.

<table>
<tr><td>Le greffier,</td><td>L'officier chargé des fonctions
du ministère public,</td></tr>
</table>

Nota.— L'exécutoire sera établi pour la liquidation des frais, d'après la formule usitée pour les Conseils de guerre.

Papeete, le...   décembre 1850,

Le Commissaire de la République,
Signé : BONARD.

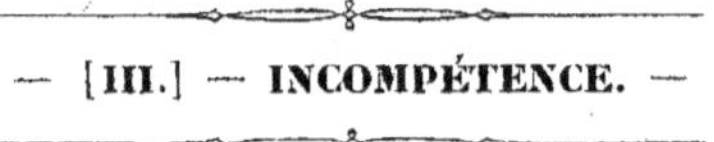

— [III.] — INCOMPÉTENCE. —

Le Tribunal criminel des Iles de la Société a rendu le jugement suivant :

Au nom du Gouvernement du Protectorat français

Ce jourd'hui ... etc. Le Tribunal criminel des Iles de la Société, créé par l'arrêté du Commissaire de la République aux Iles de la Société, en date du 22 avril 1850, composé conformément audit arrêté de MM .....

M. ... remplissant les fonctions de ministère public, assisté de M. ... greffier, tous nommés par le Commissaire de la République.

Lesquels, aux termes des articles 7 et 8 de la loi du 13 brumaire an V, ne sont parents ou alliés ni entre eux, ni de l'accusé aux degrés prohibés.

Le Tribunal convoqué par l'ordre du Commissaire de la République, s'est réuni au lieu ordinaire de ses séances... à l'effet de juger (*noms, prénoms, état, profession, lieu de naissance etc.*) accusé de... traduit devant le tribunal, en vertu du jugement rendu par la Chambre de mise en accusation, en date du...

La séance ayant été ouverte, le président a fait apporter par le greffier, et déposer devant lui sur le bureau, un exemplaire de la loi du 13 brumaire an V et de l'Arrêté du 22 avril 1850, et a demandé ensuite au ministère public la lecture du procès-verbal d'information, et de toutes les pièces tant à charge qu'à décharge envers l'accusé.... au nombre de... (*nombre de pièces*).

Cette lecture terminée, le président a ordonné à la garde d'amener l'accusé (*ou les accusés*) lequel a été introduit libre et sans fers devant le Tribunal, accompagné de... défenseur officieux.

Interrogé sur ses noms, prénoms, âge, lieu de naissance, profession et domicile.

A répondu... (*consigner les réponses*).

Après avoir donné connaissance à l'accusé des faits à sa charge, lui avoir fait prêter interrogatoire par l'organe du président, après avoir entendu publiquement et séparément (*indiquer ici les témoins à charge et à décharge, s'il y en a*) lesdits témoins, ayant au préalable prêté serment de parler sans crainte et sans haine, juré de dire la vérité, toute la vérité, et rien que la vérité, et déclaré n'être parent, allié ni serviteur des parties. (*indiquer ici, que les pièces de conviction, s'il y en a, ont été représentées et que la partie civile, s'il y en a une en cause, a été entendue*).

Ouï le ministère public dans ses conclusions, et l'accusé dans ses moyens de défense, tant par lui que par son défenseur, lesquels ont déclaré n'avoir rien à ajouter à leurs moyens de défense, le président a demandé aux membres du Tribunal s'ils avaient des observations à faire, sur leur réponse négative et avant d'aller aux opinions, il a ordonné au défenseur et à l'accusé de se retirer. L'accusé a été reconduit par l'escorte à la prison; le ministère public, le greffier et les assistants dans l'auditoire, se sont retirés sur l'invitation du président,

Le Tribunal délibérant à huis-clos, le président a posé la question ainsi qu'il suit :

Le Tribunal est-il compétent pour juger le (*noms, prénoms, qualités profession*). Désigner les motifs de l'incompétence en raison de la personne, et les faits constituant le crime ou délit, si l'incompétence est en raison de la matière.

Les voix recueillies séparément, en commençant par le moins âgé des assesseurs indigènes (*dans le cas des affaires mixtes seulement*), et continuant par le moins âgé des assesseurs européens, le président, ayant émis son opinion le dernier, le tribunal se déclare incompétent pour juger le (*noms, prénoms*, etc.) accusé de.. (*spécifier le crime ou le délit*).

Sur quoi, délibérant sur l'application de la peine, le président à lu le texte de la loi.

Les voix recueillies de nouveau dans la forme indiquée ci-dessus.

Le Tribunal, attendu (mettre ici tous les considérants et transcrire en entier les termes de la loi qui doivent être de nouveau lus par le président).

Ordonne, qu'à la diligence du ministère public, le (*noms, prénoms*) ensemble toutes les pièces de la procédure et copie du présent jugement seront renvoyés devant le (désigner le tribunal qui doit en connaître) pour être statué ce qu'il appartiendra.

Enjoint au ministère public de lire de suite le présent jugement à... en présence de la garde assemblée sous les armes, et au surplus de faire exécuter le présent jugement dans tout son contenu, ordonne en outre qu'il en sera envoyé, dans les délais prescrits par l'article 39 de la loi du 13 brumaire an V, à la diligence du président et du ministère public, une expédition tant à M. le ministre de la marine et des colonies qu'à M. le Commissaire de la République aux îles de la Société.

Fait, clos et jugé sans désemparer, en séance publique à Papeete, les jour, mois et an que dessus, et les membres du tribunal ont signé avec le ministère public et le greffier.

Ici les signatures des membres du Tribunal.

Je certifie que le présent jugement à été lu à....   le (*date et heure*) en présence de la garde assemblée sous les armes, étant assisté du greffier du Tribunal.

Le greffier,   *L'officier chargé des fonctions du ministère public,*

Papeete, le...   décembre 1851.

Le Commissaire de la République,

Signé : **BONARD.**

ARRÊTÉ N° 40

portant règlement sur les contrats entre les Indigènes et les Européens.

Le Commissaire de la République française aux Iles de la Société, Commandant la division navale de l'Océanie.

Considérant l'urgence de régulariser, dans l'intérêt de tous, la forme des contrats entre les Français ou étrangers et les indigènes ;

En vertu de l'Article 7 de l'ordonnance du 28 avril 1843, rendue applicable aux Iles de la Société ;

Le Conseil de gouvernement consulté et entendu.

ARRÊTE :

Toute transaction entre des Français ou étrangers et des indigènes, sera stipulée dans un acte écrit, daté, et qui sera signé par les contractants et par deux témoins Taïtiens ou résidants, en présence d'un interprète du gouvernement, qui déclarera que les parties comme les témoins ont une connaissance parfaite de l'objet du contrat.

Cet acte sera en double expédition, l'une en langue Taïtienne, l'autre en français ; cette dernière, certifiée conforme à l'expédition en Taïtien, sera seule enrégistrée, s'il y a lieu. Cependant le folio et le numéro de l'enregistrement pourront être mentionnés, pour ordre, sur l'autre expédition également certifiée conforme.

L'absence de tout ou partie de ces formalités, entraînera toujours, en justice, la nullité ou le rejet de la plainte.

Sont et demeurent maintenues toutes les dispositions concernant les contrats entre des Français ou étrangers et des indigènes, en ce qu'elles n'ont pas de contraire aux prescriptions du présent Arrêté.

Fait à Papeete (Taïti), le 15 octobre 1851.

Le Commissaire de la République.

Signé : BONARD.

ARRÊTÉ

du 31 Décembre 1856.

Nous Gouverneur des établissements français de l'Océanie, Commissaire Impérial aux Iles de la Société.

Vu l'Arrêté local du 22 avril 1850, instituant le Tribunal de première instance et de Commerce de Papeete.

Considérant la nécessité d'augmenter le nombre des juges entrant dans la composition de ce Tribunal, afin de mieux assurer le service de la justice.

Sur la demande des Notables assemblés, laquelle nous a été présentée par M. l'Ordonnateur, président du Tribunal civil.

Vu l'article 7 de l'ordonnance du 28 avril 1843.

AVONS ARRÊTÉ ET ARRÊTONS CE QUI SUIT :

Art. 1er. Le Tribunal de première instance et de commerce institués par l'article 1er, de l'Arrêté du 22 avril 1850, sera composé de deux présidents, l'un de la chambre de commerce, l'autre de la chambre civile, et de six juges dont trois titulaires et trois suppléants.

Art. 2. le Président du Tribunal de commerce sera choisi par le Gouverneur parmi trois candidats proposés par les Notables assemblés. A l'époque des élections annuelles, il pourra être remplacé ou réélu ; il pourra aussi, dans le cas où la pluralité des suffrages le désignerait au choix du Gouverneur, être appelé à remplir cumulativement les fonctions de vice-président de la chambre civile dont la présidence continuera a être exercée par l'Ordonnateur.

Art. 3. Sont et demeurent maintenues en leur forme et teneur toutes les dispositions de l'Arrêté local susvisé du 22 avril 1850, auxquelles il n'est point dérogé par les présentes.

Art. 4. Le présent Arrêté sera publié et enrégistré partout où besoin sera et inséré au Bulletin de l'Océanie.

Papeete, le 31 décembre 1850.

Signé : E. du BOUZET.

ARRÊTÉ

du 4 Mars 1859.

S. M. la Reine Pomare, et S. E. le Gouverneur des Établissements français de l'Océanie, Commissaire Impérial près les Iles de la Société,
Agissant d'un commun accord,

Voulant assurer de plus en plus l'application d'une bonne justice dans les États du Protectorat ;

Considérant que la coutume tolérée jusqu'a ce jour, de laisser juger les contestations entre les résidants français ou autres et les sujets du Protectorat par les juges indigènes lorsque ces résidants le demandent, ne saurait continuer d'exister ;

Considérant que dans ces contestations les juges indigènes ne peuvent décider que d'après la loi Taïtienne qui, établie pour un peuple dans l'enfance de la civilisation, n'est plus efficace, surtout dans les formes de procédure, lorsqu'une des parties n'est pas sujet des États du Protectorat ;

Considérant qu'il faut éviter, dans les contestations mixtes, l'ascendant qu'un résidant peut, même à son insu, exercer sur un juge indigène peu éclairé ;

Vu, l'acte du Protectorat.

DÉCIDENT :

1° Les résidants français ou étrangers ne pourront, dans aucun cas, porter leurs contestations avec les indigènes, ni poursuivre un indigène pour aucun délit commis a leur préjudice, devant les juges et les tribunaux indigènes des États du Protectorat.

Ils devront toujours s'adresser aux Tribunaux français qui, dans le cas dont s'agit, s'adjoindront des juges sujets des États du Protetorat.

2° Les tribunaux mixtes seront formés, moitié de juges français ou autres résidants et moitié de juges du Protectorat.

En cas de partage de voix, la voix du président sera prépondérante.

3° La présente décision sera mise en vigueur le 1er juillet 1859.

Papeete, le 4 mars 1859,

Signé : POMARE.

Signé : T. SAISSET.

Certifié conforme.

Le Conservateur des Archives,

Pagcot des Noutières.

PAPEETE, LE 15 DÉCEMBRE 1860 (*).

(*) Cette date est celle de la réception de l'Arrêté aux Archives.

PAPEETE. — IMPRIMERIE DU GOUVERNEMENT.